AF359046

Nº 2. — Joséphine à la Malmaison (1798).

Nº 3. — Les Jeudis de la Malmaison (1799).

Nº 4. — Joséphine gagne des partisans à la cause de Bonaparte
pendant l'expédition d'Egypte (1799).

Pages d'Histoire (JOSÉPHINE ET MARIE-LOUISE)

Nº 3. — Joséphine impératrice (*Le matin du sacre, 2 décembre 1804*).

No 6. — Joséphine s'évanouit lorsque Napoléon lui révèle son projet de divorce (décembre 1809).

Pages d'Histoire (JOSÉPHINE ET MARIE-LOUISE)

N° 7. — Mariage de Marie-Louise et de Napoléon (2 avril 1810).

N° 8. — La famille impériale (*Le Roi de Rome enfant*).

Nº 9. — Napoléon embrasse pour la dernière fois sa femme
et son fils âgé de 3 ans, le 25 janvier 1814.

Nº 10. — Marie-Louise quitte la France, le 23 avril 1814.

Pages d'Histoire (JOSÉPHINE ET MARIE-LOUISE)

Nº 11. — Mort de Joséphine, le 29 mai 1814.

N° 12 — Marie-Louise, duchesse de Parme, Plaisance et Guastalla
(1816-1847).

Marie-Louise, duchesse de Parme, Plaisance et Guastalla (1816-1847). — N° 12.

En vertu d'une convention faite à Madrid le 21 mars 1801 par laquelle la Toscane était érigée en royaume d'Etrurie, pour le dédommagement de la perte de Parme, Plaisance et Guastalla, Louis II, fils de Ferdinand, roi d'Etrurie, fut dépouillé de ses Etats par Napoléon en 1807 ; et Parme, Plaisance et Guastalla furent incorporés à l'Empire français, où ils formèrent le département du Taro.

Les traités qui suivirent les événements de 1814 et 1815 attribuèrent ces duchés, à titre de souveraineté indépendante, à l'ex-impératrice des Français, Marie-Louise, à la condition qu'à la mort de cette dernière ils retourneraient à la maison de Lucques, issue de la maison d'Etrurie.

Marie-Louise ne prit possession de ses Etats qu'en 1816. Dans l'intervalle, elle resta à Vienne, où, pendant le congrès tenu par les souverains alliés, on agita la question de restituer le duché de Parme à la reine d'Etrurie. Marie-Louise s'y opposa, soutenue par l'empereur Alexandre de Russie. Une tentative d'enlèvement, pour la ramener à Paris avec son fils, fut même essayée en vain par M. de Montrond, diplomate habile et intrigant. Cette entreprise échoua par la mauvaise volonté de Marie-Louise elle-même, après le retour de l'île d'Elbe. Le comte de Neipperg, qui devait plus tard épouser Marie-Louise, fut chargé de la circonvenir pour empêcher toute correspondance avec Napoléon. Il la fit garder à vue dans son palais et exigea qu'elle publiât une déclaration par laquelle elle protestait contre le retour de Napoléon. Le roi de Rome fut séparé de sa mère ; elle ne devait plus le revoir qu'au moment de sa mort. Installé dans le palais impérial, il fut traité en archiduc d'Autriche.

Placée à la tête de ses duchés, Marie-Louise gouverna avec modération.

En 1831, une insurrection la força à quitter ses Etats, où, grâce à l'intervention de l'Autriche, elle revint peu de temps après.

Il existe encore à Parme, la capitale de l'ancien duché de ce nom, de nombreuses traces du passage du Marie Louise : la bibliothèque de l'Académie a été beaucoup enrichie par elle. Elle lui a fait don de la collection des manuscrits hébreux et syriaques de l'abbé de Rossi et d'une collection d'estampes non moins importante. L'ancien palais ducal renferme un mobilier de toilette lui ayant appartenu. Le théâtre Nuovo est dû à son initiative.

Marie-Louise entretint des intrigues avec un obscur général autrichien, le comte de Neipperg dont il est parlé plus haut, se maria secrètement avec lui après la mort du captif de Sainte-Hélène et en eut trois enfants.

Le monument funèbre du comte de Neipperg, décédé en 1829, se trouve du reste encore dans San-Lodovico, chapelle qui dépendait d'un ancien couvent de bénédictins, aujourd'hui converti en écoles.

Marie-Louise mourut en 1847, au milieu de l'indifférence absolue de tous les Français.

Ses duchés (moins Guastalla) revinrent à Charles-Louis, duc de Lucques.

Er. Richa.

C. CHARIER, éditeur, à Saumur.

Mort de Joséphine (29 mai 1814). — N° 11

Après la proclamation de l'Empire en 1804, la Malmaison fut à peu près complètement abandonnée par l'impératrice régnante. L'habitation modeste de la citoyenne Bonaparte ne pouvait vraisemblablement, sans heurter le sentiment des convenances, abriter la femme du monarque devenu le plus puissant du monde. Mais lorsque le divorce eut été prononcé, l'impératrice déchue, injustement dépouillée des droits et des honneurs que lui conféraient ses titres d'épouse et d'impératrice, se retira dans cette demeure qu'elle avait tant contribué à embellir. C'est là que, soutenue depuis 1811 par l'expression tacite mais sincère de l'opinion publique, elle se retira dans l'ombre, se tenant le plus possible indifférente aux éclats de la cour dont elle avait été éloignée par la volonté d'un despote. C'est là qu'au milieu d'un petit cercle d'amis fidèles, parmi lesquels nous pouvons citer : Isabey, Redouté, Lenoir et Boupland, elle aimait à se reporter au temps où, pleine d'égards pour son illustre époux, elle en recevait les marques de la plus affectueuse tendresse. A cette époque d'une félicité sans mélange, Bonaparte, que l'enivrement des triomphes n'avait pas encore égaré, cherchait bien plus à se retremper dans les joies d'une affection sincère qu'à se laisser aller au mirage des grandeurs et aux entraînements de son ambition.

Ces souvenirs qu'elle affectionnait lui paraissaient un baume propre à panser les plaies de son cœur ulcéré.

Ils étaient impuissants pourtant à lui cacher la saisissante réalité. C'est alors que sa nature de créole nonchalante donnait libre cours à sa mélancolie native. Les écarts d'une imagination déroutée la poussaient à n'entrevoir que les transes d'une sombre destinée. Ce perpétuel état d'agitation intérieure influa probablement sur sa santé. Lors de l'invasion, en 1814, mû par un sentiment empreint de délicatesse et de courtoisie respectueuse, l'empereur de Russie alla rendre visite à Joséphine déjà souffrante. On prétend que, prise d'un refroidissement subit à cette occasion, elle succomba quelques jours après.

Joséphine mourut d'une esquinancie, après six jours de maladie, au moment où Napoléon tombait, entraînant dans sa chute l'honneur de la France, dont l'étranger souillait le territoire. Elle en vit assez pour prévoir les terribles catastrophes que l'insatiable ambition et la folie guerrière du despote de Brumaire, dont elle s'était faite, il faut le dire, la complice et l'associée, faisaient fondre sur nous. Les malheurs de la pauvre Joséphine firent oublier ses fautes, et la postérité bienveillante voit encore en elle une victime plus qu'une accusée.

ER. RICHA.

G. CHARIER, éditeur à Saumur.

Marie-Louise quitte la France (25 avril 1814). — N° 10.

La frontière était alors envahie de toutes parts. Paris allait être menacé, et Napoléon, revenant peu de temps après sur ses dispositions premières, prescrivit à son frère Joseph de faire retirer l'impératrice et le roi de Rome au sud de la Loire. La capitale était alors complètement dépourvue de moyens de défense, tellement Napoléon s'était habitué à l'idée que l'ennemi ne pénétrerait jamais jusqu'au cœur de la France. Le 29 mars, 35.000 hommes de troupes étaient sous ses murs pour repousser l'armée coalisée. Le même jour, le Conseil de régence tint une séance agitée : la majorité persistait à désirer la présence dans Paris de l'impératrice et du roi de Rome. Certains hauts dignitaires pressèrent même Marie-Louise d'imiter son aïeule Marie-Thérèse, d'aller à l'Hôtel de Ville avec son enfant et d'appeler le peuple aux armes. Mais Marie-Louise, jeune femme d'humeur douce, de peu d'esprit et de peu de caractère, n'était pas faite pour le rôle extraordinaire que les circonstances lui avaient imposé. M. de Talleyrand insista fortement pour qu'elle restât à son poste. Le roi Joseph produisit alors un ordre formel de l'empereur. « Vous ne devez pas, disait celui-ci, permettre que, dans aucun cas, l'impératrice et le roi de Rome tombent entre les mains de l'ennemi, s'il s'avançait vers Paris avec des forces telles que la résistance fût impossible. Faites partir, dans la direction de la Loire, la régente, mon fils, les grands dignitaires, les ministres, les officiers du Sénat, le président du conseil d'Etat, les grands officiers de la couronne et le Trésor. Ne quittez pas mon fils et rappelez-vous que je préférerais le savoir au fond de la Seine plutôt que dans les mains des ennemis de la France. Le sort d'Astyanax, prisonnier des Grecs, m'a toujours paru le sort le plus malheureux de l'histoire. » Devant cette injonction du maître, le Conseil céda. L'impératrice, se tournant alors vers le roi Joseph, son beau-frère, vers les plus dévoués serviteurs de Napoléon : « Dites-moi ce que je dois faire, je le ferai. » Personne n'osa émettre une opinion contraire à celle exprimée si catégoriquement par l'empereur. Marie-Louise, de plus en plus indécise et troublée, fondit en larmes. Le roi de Rome, qui ne comprenait point ces débats au-dessus de la portée de sa jeune intelligence, se refusait obstinément de quitter le palais qu'il ne devait plus revoir. Se cramponnant aux tentures des appartements, on eut beaucoup de peine à le faire sortir. La longue file des voitures impériales partit enfin, escortée par 1.200 soldats de la vieille garde.

Le 30 mars 1814, l'impératrice et son fils arrivèrent à Blois.

Après l'abdication de Napoléon, Marie-Louise se rendit à Orléans, emportant avec elle les cinq millions de la caisse de Napoléon, qui lui furent d'ailleurs brusquement enlevés par les émissaires du nouveau gouvernement, à son arrivée dans cette ville. Elle refusa alors de suivre Joseph et Jérôme au delà de la Loire et gagna Rambouillet, accompagnée du prince Esterhazy.

Au moment où Napoléon arrivait à l'île d'Elbe, sa femme et son fils repartaient de Rambouillet, où l'empereur François était allé chercher sa fille.

Le 25 avril 1814, elle touchait la frontière, passait le Rhin à Huningue et quittait la France, prenant le chemin de Vienne.

En même temps, elle fit assurer son illustre époux de son constant attachement et du désir qu'elle éprouvait de le visiter bientôt avec son fils.

ER. RICHA.

C. CHAIER, éditeur, à Saumur.

Napoléon embrasse pour la dernière fois sa femme et son fils, âgé de 3 ans (25 janvier 1814). — N° 9.

Le 25 janvier 1814, Napoléon embrassa pour la dernière fois Marie-Louise et son fils, le roi de Rome, âgé de 3 ans. Il ne prévoyait point certes les amertumes de la fin de son règne, les malheurs qui allaient fondre sur notre patrie, la triste destinée qui l'attendait sur le rocher de Sainte-Hélène. Confiant dans son étoile et fataliste, il rejetait tout insuccès pour ne voir dans les événements qui allaient se dérouler que la continuation de sa gloire. « Je livrerai deux batailles, dit-il, en quittant Saint-Cloud, l'une sur d'Elbe, l'autre sur l'Oder, je débloquerai mes forteresses et, arrivé sur le Niémen, je m'arrêterai, car je ne veux point d'une guerre éternelle. La paix que je dicterai n'aura d'autre prix que l'indépendance de la Pologne et la sécurité de l'Europe. »

Cette confiance inébranlable, cet optimisme persistant, avaient au moins l'avantage de communiquer aux soutiens de sa fortune et aux dépositaires de toutes ses volontés l'énergie et le courage que commandait la situation. Quelle que pût être sa pensée intime, quelque pressentiment qu'il ait eu des catastrophes terribles qui pesaient déjà sur la France par l'imminence du danger, il est certain qu'il n'en laissa rien paraître et que son visage impassible ne trahit pas un instant l'agitation intérieure.

Pourtant, il quitta Marie-Louise avec une émotion visible. Cette défaillance, bien compréhensible, mais passagère, ne fut pas moins apparente lorsqu'il serra dans ses bras ce fils tant désiré, l'espoir de sa vie, l'orgueil de sa race. Il y eut là une minute réellement impressionnante. C'est qu'en effet Napoléon ne cessa jamais d'aimer celle qui, par un étrange revirement des affections humaines, attacha si peu de prix à son souvenir. « Soyez bien persuadé, disait-il quelque temps avant de mourir, que si l'impératrice ne fait aucun effort pour alléger mes maux, c'est qu'on la tient environnée d'espions qui l'empêchent de rien savoir de tout ce qu'on me fait souffrir ; car Marie-Louise est la vertu même. » Il disait un autre jour : « J'ai été occupé dans ma vie de deux femmes très différentes : l'une (Joséphine) était l'art et la grâce ; l'autre (Marie-Louise), l'innocence et la simple nature. »

Avant de quitter Paris, Napoléon avait solennellement confié la régence à Marie-Louise, assistée et conseillée par l'archichancelier Cambacérès. Mais elle montra dans l'exercice de ces hautes fonctions une nullité absolue, chose d'autant plus regrettable que Cambacérès, devenu vieux et fatigué, redoutait la responsabilité qui lui incombait. L'empereur avait exigé de son dévouement qu'il acceptât la tâche, repoussant la pensée de laisser le soin de l'empire à l'un de ses frères. Un sénatus-consulte régla la composition du conseil de régence. Napoléon, il faut le dire, comptait beaucoup sur l'attachement de l'empereur François pour sa fille et sur la satisfaction qu'il éprouverait des marques de confiance qu'elle recevait de son mari.

Er. Richa.

Napoléon II, roi de Rome, duc de Reichstadt. — N° 8.
(1811–1832)

Napoléon II, roi de Rome, duc de Reichstadt, naquit aux Tuileries le 20 mars 1811 et mourut à Schœnbrünn (Autriche) le 22 juillet 1832. La destinée de ce jeune homme, qui fut salué roi de Rome en naissant, à qui Napoléon comptait bien laisser son vaste empire et qui mourut simple héritier autrichien, a quelque chose d'étrange et de mystérieux qui a fasciné les poètes. Sa naissance fut accueillie avec un enthousiasme dont les écrivains contemporains et même ceux de la génération suivante se sont plu à se faire l'écho; ils nous montrent toute la capitale comme en suspens et retenant son haleine. Tandis que le canon des Invalides annonçait la délivrance de l'impératrice, un peuple immense autour des Tuileries laissait échapper une joie qui tenait du délire lorsque le vingt-deuxième coup de canon annonça qu'un enfant mâle était l'héritier de César.

La ville de Paris offrit, pour le berceau du jeune prince, ce magnifique vaisseau de vermeil, emblème de Lutèce, que l'on a vu à l'Exposition de 1900.

Napoléon lui avait donné comme gouvernante la duchesse de Montesquiou.

Le 6 septembre 1812, sur les bords de la Moskowa, la veille de la terrible bataille de ce nom, Napoléon reçut de Paris le portrait du roi de Rome peint par Gérard. Le grand artiste l'avait représenté dans son berceau, jouant, en guise de hochets, avec le sceptre et le globe du monde. L'empereur, tout joyeux, le montra à son état-major.

De retour à Paris, le 1er jour de l'an 1814, il le présenta aux officiers de la garde nationale parisienne, réunis aux Tuileries, et le confia à leur patriotisme. Il ne devait plus le revoir. Pendant l'invasion, Marie-Louise, après s'être réfugiée avec son fils à Blois, près d'Orléans, parvint à gagner la frontière pour se réfugier en Autriche.

Les alliés le tinrent constamment séparé de son père. Entouré d'une garde soupçonneuse et objet de précautions infinies, le roi de Rome, devenu duc de Reichstadt par la volonté des alliés, était retenu à Vienne et confié à un gouverneur, le comte de Dietrischtein, spécialement chargé d'empêcher qu'il n'eût la moindre communication avec le dehors, surtout avec les Français. Cet enfant inquiétait l'Europe : aussi voulut-on à tout prix que le fils ne suivît jamais les traces de son père. Afin de mater ce qui lui restait d'intelligence, on négligea son éducation au point qu'à 16 ans il ne savait rien de l'histoire de France. Retenu comme prisonnier, il ne vit jamais que des personnes étrangères à son entourage domestique. Aucun écrit ne lui parvenait sans avoir été scrupuleusement examiné. Jamais surtout il ne reçut des nouvelles de son père, qui, de son côté, était laissé à son égard dans la plus complète ignorance. A l'âge de 15 ans, c'était un beau jeune homme, d'une taille élevée, aux cheveux blonds et aux yeux bleus. Mais tenu dans un état de sujétion continuelle, il ne tarda pas à s'étioler. Il mourut phtisique à l'âge de 21 ans. Sa mort a inspiré à Victor Hugo une de ses plus belles odes.

Er. Richa.

C. CHARIER, éditeur, à Saumur.

Mariage de Marie-Louise et de Napoléon (2 avril 1810). — N° 7.

Napoléon savait que la cour de Vienne était favorable à son projet de mariage avec une archiduchesse d'Autriche. Il fit faire des ouvertures qui furent bien accueillies. Dès le 7 février 1810, le contrat était signé à Paris avec Schwartzenberg, l'ambassadeur d'Autriche, et Napoléon entrait enfin dans le « concert des rois ». On prit modèle, pour la rédaction de l'acte, sur le contrat de Marie-Antoinette ; seulement Napoléon ne voulut point qu'il fût parlé de dot. pas plus pour déterminer l'apport de la princesse que pour avoir, selon les circonstances, l'obligation d'en faire la remise. L'archiduc Charles, son illustre adversaire sur les champs de bataille, fut choisi par lui pour le représenter à Vienne à la cérémonie du mariage. Il fut arrêté que l'on reproduirait dans tous ses détails le cérémonial du mariage de Louis XVI. Ces points réglés, un courrier partit le jour même pour Vienne et y parvint le 14 février. La cour autrichienne répondit avec le plus grand empressement au message de Napoléon. Berthier, qui avait reçu la mission de ramener Marie-Louise en France, arrivait à Vienne le 5 mars. Le mariage eut lieu le 11 avec grand apparat. Toute la cour et les grands dignitaires de l'empire assistèrent la nouvelle impératrice. Marie-Louise quitta Vienne le 13. Arrivée à la frontière française, elle fut remise et confiée à la sollicitude de Caroline Murat, reine de Naples.

Le 1er avril 1810, le mariage civil de Napoléon et de Marie-Louise fut célébré à Saint-Cloud, et le lendemain eut lieu dans la grande galerie du Louvre, transformée en chapelle, le mariage religieux.

Une petite manifestation hostile marqua cette journée. Certains cardinaux, n'admettant pas la légalité de ce mariage, résolurent de ne pas y assister. « Ils n'oseront pas », avait dit Napoléon avec colère. Lorsqu'il entra dans la chapelle, il n'avait point oublié cette tentative de rebellion d'un nouveau genre, et se tournant vers le maître de chapelle : « Où sont les cardinaux ? demanda-t-il; je ne les vois point ! » Et en effet, quatorze seulement étaient présents, mais treize étaient absents. « Ah ! les sots ! » répéta-t-il en murmurant.

Cette union fut mal accueillie par le peuple, très attaché à Joséphine et qui voyait avec regret une *Autrichienne* monter sur le trône.

Après les fêtes splendides auxquelles donna lieu ce mariage, Napoléon fit visiter à sa jeune épouse la Belgique et la Hollande. L'empereur négligeait tout pour sa nouvelle épouse ; l'impératrice était très réservée ; les mœurs françaises n'étaient point faites pour lui plaire, et bientôt elle inspira à ceux qui l'entouraient et à la nation entière l'indifférence qu'elle-même ressentait.

« C'était, dit Lamartine, une belle fille du Tyrol, les yeux bleus, les cheveux blonds, le visage nuancé de la blancheur de ses neiges et des roses de ses vallées, la taille souple et svelte, l'attitude affaissée et langoureuse de ces Germaines qui semblent avoir besoin de s'appuyer sur le cœur d'un homme, les lèvres un peu fortes, les bras longs, blancs, admirablement sculptés et retombant avec une gracieuse langueur... Nature simple, touchante, renfermée en soi-même, muette au dehors, pleine d'échos au dedans, faite pour une destinée obscure. »

ER. RICHA.

Le Divorce de Joséphine et de Napoléon. — Nº 6.
(16 décembre 1809.)

Après la signature du traité de paix à Vienne, Napoléon avait besoin de consolider ses conquêtes par une alliance. L'idée d'un divorce hantait son cerveau. Pour la justifier, il s'appuyait sur ce fait qu'après cinq années de mariage Joséphine n avait pu lui donner un héritier. Bien que le divorce fût interdit aux membres de la famille impériale par la constitution de l'Empire, Napoléon n'en persista pas moins dans sa résolution. Depuis longtemps déjà on s'entretenait partout de cet événement probable sans que Napoléon ait cru devoir en entretenir Joséphine. Cette déclaration lui coûtait, car jamais il ne cessa d'aimer celle qui avait tant contribué à sa fortune.

Un jour enfin, il dit à Joséphine que sa famille, son conseil, ses ministres lui représentaient la nécessité d'un mariage qui lui donnât des héritiers, et plusieurs fois il avait, en se promenant avec agitation, répété : « Qu'en dis-tu ? Cela sera-t-il ? Qu'en dis-tu ? » Joséphine avait écouté en silence, mais avec tristesse. Lorsque enfin, quelques jours plus tard, dînant avec elle, il lui apprit sa résolution inébranlable, il lui laissa entrevoir les raisons qui le poussaient à cette détermination et la douleur qu'il en ressentait. A cette nouvelle, Joséphine ne put contenir son émotion ; elle s'évanouit et tomba dans les bras de sa fille, la reine Hortense de Hollande. Aussi effrayé qu'ému de l'effet qu'il venait de produire, Napoléon entr'ouvrit la porte de son cabinet et appela à son aide le chambellan de service, M. de Bausset.

Napoléon, voyant que Joséphine ne reprenait pas connaissance, pria M. de Bausset, pour éviter toute esclandre, de la transporter jusque dans ses appartements. Le chambellan la prit dans ses bras, et l'empereur, marchant à reculons dans l'escalier, lui soutint les pieds avec précaution.

Revenue à elle et soutenue par sa fille, elle s'attaqua à l'empereur pour le faire revenir sur sa décision. Les supplications des deux femmes ne purent émouvoir le cœur de Napoléon. Il resta inébranlable, se retranchant derrière une raison d'Etat.

Le divorce fut prononcé le 16 décembre 1809, et Joséphine se retira à la Malmaison. Napoléon lui fit de magnifiques dotations, lui constitua une rente de 2 millions et entretint avec elle une correspondance affectueuse.

Cette rupture de raison ne fut pas agréablement acceptée par l'opinion publique, car Joséphine, obligeante et bonne, avait conquis une popularité sincère.

Des tentatives de mariage avec la sœur de l'empereur de Russie ayant échoué, il fit faire des démarches pour obtenir de l'empereur d'Autriche la main de Marie-Louise, sa fille.

ER. RICHA.

C. CHARIER, éditeur, à Saumur.

Joséphine impératrice (1804-1809). — N° 5.

Général de la République sous le Directoire, consul ensuite, puis consul à vie, enfin empereur des Français, Bonaparte, devenu Napoléon, avait jusque-là associé Joséphine à l'extraordinaire développement de sa fortune. Monté sur le trône avec la complicité tacite de la nation, qui voyait en lui la sauvegarde des conquêtes matérielles de la Révolution et un obstacle insurmontable au rétablissement des institutions du passé, il n'en chercha pas moins à restaurer le cérémonial des cours et les coutumes et usages chers à Louis XIV.

Joséphine, qui, par sa naissance et son éducation, n'était point préparée à cette existence fastueuse, s'en acquitta pourtant sans gêne ni raideur. La grâce innée de ses manières, son élégance naturelle, son port majestueux, tout en elle prêtait à lui rendre facile son rôle d'impératrice. Son entourage devint une cour pour laquelle on créa une noblesse impériale. On y restaura les anciennes charges de la monarchie : dames d'honneur, un grand chambellan, Talleyrand ; un grand maréchal du palais, Duroc ; un grand aumônier, Fesch ; un grand maître de cérémonies, Ségur ; un grand veneur, Berthier. L'étiquette et les costumes de l'ancien régime furent remis en honneur. Saint-Cloud était la résidence princière de l'impératrice et de Napoléon, dont la puissance et le prestige lui faisaient entrevoir le rêve d'un *Empire d'Occident* ou d'un *Empire des Gaules*. Plusieurs familles de l'ancienne noblesse se rallièrent au nouveau gouvernement, les La Rochefoucauld, les Montmorency, les Noailles, les Choiseul, les Luynes et les Chevreuse. Ceux qui ont vécu de la vie des cours ne peuvent que difficilement y renoncer ; c'est la seule raison, du reste, qui puisse expliquer ces revirements étranges.

Napoléon ne s'en tint pas là.

Constamment préoccupé de frapper l'imagination populaire par des scènes théâtrales, il avait songé à se faire sacrer par le pape, à Paris. Cambacérès et le cardinal Caprara furent employés à cette négociation, qui fut longue et pénible. Pie VII pourtant consentit après bien des hésitations à venir en France, aux frais de la France, sous la promesse fallacieuse de concessions pour l'Eglise. Le Saint-Siège, en cette circonstance, fit ce qu'il n'avait pas fait pour Charlemagne.

Le pape avait fait cette concession bien plus par crainte que par esprit de conciliation : on lui avait fait comprendre qu'on n'accepterait aucune réponse évasive ou dilatoire. Cependant Pie VII éprouva une réelle déception : il espérait amener Napoléon à renoncer aux articles organiques et à se faire restituer les Légations, même Avignon et Carpentras. Il ne tarda pas à se rendre compte de l'inutilité de ses efforts.

Le 2 décembre 1804, la cérémonie du sacre eut lieu sous les voûtes de Notre-Dame. La veille, le Sénat lui avait présenté le résultat du plébiscite qui ratifiait à une énorme majorité sa nouvelle usurpation. La solennité eut une pompe extraordinaire. L'empereur Napoléon, l'impératrice Joséphine étaient affublés de costumes d'une incomparable richesse, confectionnés d'après les dessins de David. Une couronne de lauriers d'or ornait la tête du César corse.

Cette cérémonie éclatante, mais burlesque prêtait à rire.

Au moment où le pape élevait la couronne en forme de tiare pour la poser sur le front de Napoléon, celui-ci la saisit prestement et se la plaça sur la tête. Il en fit autant pour l'impératrice

Cette façon de marquer la prédominance du pouvoir civil sur le pouvoir spirituel n'eût pas manqué, sans la brusquerie, de rencontrer de nombreux approbateurs. Malheureusement, l'auteur n'eut d'autre but que d'en confisquer le principe pour en faire, à son profit, le symbole de la Dictature.

Er. Richa.

C. Charier, éditeur, à Saumur.

Joséphine gagne des partisans à la cause de Bonaparte. — N° 4.

(1799)

La résidence de la Malmaison fut souvent, à l'instigation de Joséphine elle-même, transformée en un club politique où les soutiens de Bonaparte : amis personnels, conseillers d'Etat, ministres, généraux, hommes politiques, venaient se concerter sur les moyens les plus propres à la réussite de leurs projets On y rencontrait notamment : Roger-Ducos, Regnault de Saint-Jean-d'Angély, Joseph Bonaparte, Rœderer, Cabanis, Volney, Arnault, le poète, tous dévoués à la cause du maître ; Talleyrand, homme d'Etat, qui résumait en lui la corruption de tous les régimes, Cambacérès le légiste et Fouché, le ministre de la police.

Ces réunions à la Malmaison eurent une grande influence sur la destinée de Bonaparte. C'est là que, pendant l expédition d'Egypte, Joséphine rendit au futur empereur les plus grands services par sa dextérité et l'influence que sa grâce irrésistible exerçait sur les principaux personnages de l'époque. Avec un zèle et une habileté féminine incomparables, elle ralliait les indécis, tempérait l'ardeur exagérée des plus impatients. Elle finit, à force d'adresse et de perspicacité, à constituer, à la veille de Brumaire, un parti compact et uni.

A son retour d'Egypte, Bonaparte n'avait plus qu'à s'attacher l'appui des cinq directeurs : Gohier, Moulin, Barras, Sieyès et Roger-Ducos La tentative était assez malaisée ; mais avec la connaissance approfondie des hommes et l'empire qu'il prenait vite sur ses adversaires ou ses rivaux, il réussit là où-d'autres auraient échoué

Roger-Ducos était gagné d'avance ; Barras avait cessé d'être redoutable ; Gohier et Moulin, étaient les seuls membres du Directoire qui fussent franchement républicains et sincèrement attachés à la Constitution. Malheureusement, ils étaient aveuglés par la confiance. Restait Sieyès le plus redoutable, non pas tant par les principes de ses convictions que par un orgueil intraitable et une cupide ambition : il aspirait lui aussi à la première place. Mais son intelligence aiguisée, son sens intuitif lui dévoila l'inanité de ses moyens d'action. Il accepta son rival et se résigna.

Arnault reproduit dans ses *Mémoires* la physionomie d'une réception chez Mme Bonaparte, à laquelle il assista le 15 au soir, soit trois jours avant le coup d'Etat :

« Dans ce salon, dont Joséphine faisait les honneurs avec une grâce singulière, se trouvaient
« les représentants de toutes les professions, de toutes les factions, des avocats, des jacobins, un
« ministre, le président même du Directoire. A voir l'air de supériorité de Bonaparte au
« milieu d'opinions si diverses, on eût dit qu'il était d'intelligence avec eux tous.

« Fouché arriva. « Quoi de neuf, citoyen ministre ? lui dit le citoyen directeur tout en humant
« son thé. — De neuf ? Rien, répondit le ministre — Mais encore ? — Toujours les mêmes
« bavardages. — Comment ? Toujours la conspiration. — La conspiration ! dit Joséphine. — Oui,
« la conspiration, reprend le malin ministre ; mais je sais à quoi m'en tenir. S'il y avait eu
« conspiration depuis qu'on en parle, n'en aurait-on pas eu la preuve sur la place de la
« Révolution ? Et ce disant, il éclatait de rire. — Fi donc ! citoyen Fouché, dit Joséphine,
« pouvez-vous rire de ces choses-là ! — Le ministre parle en homme qui sait son affaire, reprit
« Gohier ; mais, tranquillisez-vous, citoyenne, dire ces choses-là devant les dames, c'est
« prouver qu'il n'y a pas lieu à les faire. Faites comme le gouvernement, ne vous inquiétez
« pas de ces bruits-là, dormez tranquille ! »

« Après cette singulière conversation que Bonaparte écoutait en souriant, Fouché et
« Gohier levèrent le siège, les étrangers qui encombraient le salon firent successivement de
« même ; Joséphine monta dans ses appartements, et je me trouvai enfin seul avec Bonaparte.

« Je viens, lui dis-je, de la part de vos amis, savoir si la chose tient toujours pour demain
« et recevoir vos instructions. — La chose est remise au 18, me répondit-il le plus singulièrement
« du monde. — Au 18, général ! ne voyez-vous pas que l'affaire est éventée, que tout le monde
« en parle ? — Tout le monde en parle et personne n'y croit ; venez demain prendre le thé ; s'il
« y a quelque chose de changé, je vous le dirai : Bonsoir. »

C'est à la faveur de cet état d'esprit général, auquel Joséphine ne fut pas étrangère, que Bonaparte consomma son attentat.

Er. Richa.

Les Jeudis de la Malmaison (1799). — N° 3.

Aux réunions de la Malmaison se rencontraient les plus beaux esprits de la littérature et des arts. C'est dans le salon de Joséphine que Legouvé lut, dans sa primeur, son poème si connu du *Mérite des femmes* et qu'Arnault récita ses fables. Parmi les fidèles de ces conciliabules, citons Bernardin de Saint-Pierre, qui n'avait rien publié de ce qui fit plus tard sa gloire ; Ducis, connu par ses imitations de Shakespeare ; Picard, que son entente de la scène, son talent d'observation des mœurs bourgeoises plaçaient au premier rang ; et Joseph Chénier, qui brillait alors aussi bien dans l'ode et l'élégie que dans l'épigramme et la satire. On remarquait encore : Lemercier, Andrieux, Bouilly, Collin d'Harleville, Baour-Lormian, Parseval de Grandmaison, etc.

Bien que la littérature de l'époque se soit rarement élevée au-dessus du médiocre, nombre de poètes et d'écrivains se pressaient dans les salons de Joséphine. Deux gloires nationales pourtant faisaient exception : Chateaubriand et Mme de Staël, dont les noms suffiraient à illustrer une génération. C'est qu'en effet il se trouvait précisément que ces deux écrivains étaient les adversaires du maître. Ils se détachaient des autres littérateurs et conservaient ainsi une liberté relative qui faisait que leur pensée n'était point rivée à la volonté d'un pouvoir ombrageux.

Des peintres et des artistes, tels que Gérard, Isabey et Girodet, donnaient à ces réunions la note claire et particulière de leur talent en pleine maturité.

Les musiciens les plus en renom, fondateurs du Conservatoire, venaient prêter à Joséphine le concours de leur talent : Méhul le compositeur, Wanderlich le flûtiste, les violonistes Kreutzer et Rode, Janson le violoncelliste, d'Alvimare le harpiste, et, plus tard, la cantatrice Grassini que Bonaparte avait amenée de Milan.

A coté des écrivains, des musiciens et des savants les plus illustres, brillait tout un essaim de grandes dames qui apportaient à ces fêtes l'éclat de leur beauté et la grâce de leur sexe. Citons : Elisa Bonaparte, Paulette Leclerc, la sœur préférée du maître ; Mme Joseph Bonaparte, Hortense de Beauharnais dans l'éclat de sa jeunesse ; les compagnes d'Hortense à la pension Campan, amenées à la Malmaison par leur institutrice pour la journée ; la comtesse Fanny de Beauharnais, la comtesse d'Houdetot, Mme Lefèvre (Mme Sans-Gêne), Mlle Clary, Mme d'Arjuzon, Mlle de Faudoas, cousine de Joséphine ; la comtesse Regnault de Saint-Jean-d'Angély, Antoinette Auguié ; la belle Laure ; Mme Lebrun, la fille du troisième consul ; Mmes Caffarelli, Damas, Andreossy, Tallien, etc.

La foule des invités qui se pressaient dans les appartements de la Malmaison n'était pas exclusivement composée de célébrités. Outre les généraux qui accompagnaient Bonaparte lorsque les loisirs de la guerre lui permettaient de rehausser les réunions de sa présence, on y voyait encore des « muscadins » et des « merveilleuses » qui complétaient cet ensemble d'une société légère et frivole.

C'était un spectacle curieux et peu banal que de voir, sur les pelouses vertes de la Malmaison, s'organiser de vastes parties de jeu de barres, pendant que tout près, sur une scène champêtre, l'élite intellectuelle du jour écoutait avec passion les épigrammes et les écrits satiriques de Joseph Chénier. Dans les bosquets, muscadins et merveilleuses dansaient au son d'un orchestre de choix, tandis que Joséphine faisait servir le thé, mais un thé substantiel, comme on le comprenait à l'époque, avec dindes truffées, viandes saignantes et liqueurs fines.

Tout ce monde turbulent, éléments disparates d'une société avide de gaieté, prenait, le soir venu, congé de Joséphine, et s'éloignait dans un brouhaha de cabriolets, phaétons, caricks, voitures de toutes sortes.

A vrai dire, la littérature n'avait pas beaucoup à gagner de ces prétendues fêtes littéraires, qui n'avaient été inventées par Joséphine que pour masquer le but réel : l'intérêt de la politique de Bonaparte.

Er. Richa.

C. CHARIER, éditeur, à Saumur.

Joséphine à la Malmaison (1798). — N° 2.

Joséphine de Beauharnais, devenue Mme Bonaparte, acheta, en 1798, la terre de la Malmaison, moyennant la somme de 160.000 francs. Elle avait une prédilection toute particulière pour ce domaine où devait s'écouler une existence alternativement semée de bonheur et d'amertume. L'aspect riant des prairies et la profondeur des bosquets charmaient sa nature de créole. Elle s'y attacha tellement qu'elle ne rêva plus, pour cette habitation enchanteresse, qu'un cadre digne d'une haute destinée. Elle en fit bientôt une sorte d'Eden au séjour délicieux qui, comme l'ancien Trianon de Marie-Antoinette, avait ses jeux, son théâtre, ses kiosques, ses chaumières, ses bergeries. Un parc immense porta jusqu'à Rueil le charme d'une plaine sans fin. A l'opposé, cachée derrière un rideau de verdure, une vaste pelouse se déroulait en un tapis moelleux autour d'un petit temple voilé par la futaie. Çà et là, serpentaient les ruisseaux dont les eaux vives et courantes formaient plusieurs écluses. Les chutes, pareilles aux cataractes décrites par Chateaubriand, allaient se jeter dans un lac au bout du jardin, non sans heurter sur leur passage, dans un bouillonnement écumeux, l'arête d'un rocher blanchi par les ans.

Le château, debout au milieu de cette luxuriante floraison, n'avait rien de particulièrement remarquable. Joséphine l'améliora dans presque toutes ses parties. Elle fit même ajouter à chaque extrémité de la façade deux pavillons, avançant sur la cour d'entrée et destinés au logement des gens de service. De chaque côté du péristyle, Joséphine fit placer deux petits obélisques en marbre rouge, provenant de l'ancien château de Richelieu en Poitou. Au rez-de-chaussée, elle installa, d'un côté du grand vestibule, les salons de réception, la salle de billard et une galerie ; de l'autre, la salle à manger, la salle de conseil, le cabinet de travail disposé en forme de tente militaire et d'une grande simplicité.

Au 1er étage, une vaste galerie, qui s'épanouissait sur toute la longueur des bâtiments, reliait les appartements de Joséphine et du Premier Consul. Cette galerie, qui formait le couronnement de l'édifice, était distribuée en une série de chambres réservées aux aides de camp, aux secrétaires, aux invités. De nombreux tableaux de Gérard et de Girodet figuraient dans les salons, le portrait de Joséphine, entre autres, celui de Hortense de Beauharnais et divers sujets empruntés aux poésies d'*Ossian* pour lesquelles Bonaparte avait, comme on sait, une grande prédilection. Indépendamment de ces toiles, la Malmaison possédait de nombreux trésors artistiques, chefs-d'œuvre des maîtres anciens ; puis une remarquable bibliothèque. Au dehors, sur la façade donnant sur la cour d'honneur, se trouvait une superbe galerie ornée de statues de marbre provenant de l'ancien château de Marly.

Telle était la Malmaison sous le Consulat.

Er. RICHA...

Joséphine remercie Bonaparte d'avoir rendu à son fils, âgé de 15 ans, l'épée de son père (1796). — N° 1.

Joséphine (Marie-Josèphe-Rose Tascher de la Pagerie), impératrice des Français, née aux Trois-Ilets (Martinique), le 23 juin 1763, mourut à la Malmaison (Seine-et-Oise), le 29 mai 1814. Elle appartenait à une famille originaire du Blaisois. Amenée en France à l'âge de 15 ans, elle epousa en 1779 le vicomte Alexandre de Beauharnais dont elle eut deux enfants, le prince Eugène et la reine Hortense. Son mari ayant été emprisonné pendant la Terreur, parce qu'on le rendit responsable de la perte de Mayence, Joséphine lui donna en prison les soins les plus affectueux, essaya vainement de l'arracher à l'échafaud, fut arrêtée elle-même et ne dut son salut qu'au 9 Thermidor. Mise en liberté par le crédit de Tallien, qui lui fit rendre une partie de ses biens, elle acquit ensuite l'amitié et la protection de Barras. Ce fut celui-ci qui lui proposa d'épouser Bonaparte que les manières distinguées de Joséphine, sa grâce et sa douceur eurent bientôt captivé.

L'idée du mariage de Bonaparte avec Mme de Beauharnais prit naissance dans le cerveau du jeune général en l'année 1795. Dans les premiers jours de son commandement en second de l'armée de l'interieur, Bonaparte avait eu à faire exécuter le désarmement des sections. Les réquisitions avaient été opérées avec une telle rigueur qu'il ne restait plus aucune arme chez les particuliers. Un matin, on annonça à Bonaparte la visite du fils d'un ancien général de la République, mort pendant la tourmente révolutionnaire. Il venait, âgé de quinze ans, solliciter la faveur qu'on lui rendît l'épée de son père. Il présenta sa requête avec une naïveté et un enthousiasme si sincères que Bonaparte fut impressionné de cette piété filiale. Sans perdre un instant, il fit rechercher et lui rendit l'arme vénérée. Bonaparte, en même temps, lui parla avec tant de douceur que le jeune homme s'en ouvrit à Joséphine sa mère, qui se crut obligée de faire au général une visite de remerciement.

Voilà comment le hasard mit Bonaparte en présence d'une femme qui eut plus tard une grande influence sur sa destinée.

Bonaparte, dès le lendemain, se présenta chez Mme de Beauharnais. Elle éprouva, à la vue de cette figure sévère et noble à la fois, d'une beauté si particulière, un sentiment vague et mal défini, qu'elle ne put cacher longtemps à ses amies, Mmes Tallien et Récamier. La faveur avec laquelle il avait accueilli son fils, la vivacité de son esprit, le feu de sa conversation, tout en lui la remplissait d'admiration et troublait son cœur.

Les amies de Mme de Beauharnais s'employèrent à faciliter le mariage, ainsi que Barras, un des cinq directeurs, ami politique et protecteur de Bonaparte. Puis, le projet mûrit et se réalisa. Joséphine était d'une beauté remarquable, aussi avait-elle de nombreux adorateurs : Hoche et Caulaincourt demandèrent sa main. L'expression de sa physionomie, pleine de douceur, avait un charme particulier. Ses yeux, d'un bleu foncé, reflétaient son âme toute de bonté. De taille moyenne, la souplesse et la légèreté de ses mouvements lui donnaient quand même une démarche majestueuse. Le son de sa voix enfin faisait qu'on éprouvait un réel plaisir à l'entendre. De l'ensemble de sa personne se dégageaient un charme et une séduction qui firent impression sur le jeune général républicain.

Le mariage fut célébré le 9 mars 1796. Dès le 23 février, Bonaparte avait été nommé général en chef de l'armée d'Italie. Le 11 mars, c'est-à-dire, deux jours après la cérémonie du mariage, il quittait Joséphine pour aller prendre le commandement de l'armée républicaine et bientôt recueillir les lauriers d'une gloire incomparable.

E. Richia.

G. CHARIER, éditeur, à Saumur.